Мир Будущего

Шилпи Мехта

Климат

Вода

Преступность

Shyam Mehta, The Loving Heart Centre

www.lovingheartcentre.net

Shyam Mehta, The Loving Heart Centre

www.lovingheartcentre.net

Издание 17 Собрания Центра Любящего Сердца

Шиям Мехта

Мир Будущего

Email: love@lovingheartcentre.net
Website: www.lovingheartcentre.net

Shyam Mehta, The Loving Heart Centre

www.lovingheartcentre.net

Предисловие

Мне кажется, что учебники по истории, в некоторой степени, бесполезны. Тем не менее, каждый школьник и студент вынужден читать книги о прошлом и изучать историю.

Но гораздо важней познавать будущее. Вы можете возразить, что это невозможно. Но ведь существуют естественные вещи, о которых известно всем. Например, что неизбежно наступает старость. Точно также можно сделать обоснованный вывод о том, что произойдет с вами и вашим окружением, и что вам, возможно, потребуются, когда вы состаритесь.

Времена меняются. Происходит глобальное загрязнение и разрушение окружающей природной среды. Вы глубоко ошибаетесь, если считаете, что имея хорошее водоснабжение в течение 50 000 лет, не стоит беспокоиться о водных ресурсах и в ближайшие лет сорок. Но чистая вода скоро станет недоступна. Мировой океан загрязняется. Дождевая вода загрязнена. Масштабные, глобальные изменения происходят уже сейчас. Все эти изменения являются результатом вмешательства человека в чувствительную экосистему Земли. Говоря "чувствительную", я мог бы еще сказать - сбалансированную. На планете не осталось ни одного уголка, не тронутого человеком.

Шиям Мехта

Центр Любящего Сердца

www.lovingheartcentre.net

20 февраля 2006

Shyam Mehta, The Loving Heart Centre

www.lovingheartcentre.net

Shyam Mehta, The Loving Heart Centre

www.lovingheartcentre.net

Содержание

Shyam Mehta, The Loving Heart Centre

www.lovingheartcentre.net

Глава 1: Климат и энергоресурсы

Чтобы выжить, людям необходимо тепло. В странах с холодным климатом люди носят теплую одежду и едят калорийную пищу.

Прошлую зиму я провел в Украине. Как раз в это время Россия и Украина находились в разногласиях по поводу поставок газа в Украину. Была большая вероятность, что поставка газа будет прекращена с 1 января 2006 года. Может быть, для украинского населения подобная ситуация была бы не настолько критичной. Система отопления в стране обеспечивается работой атомных станций. Большинство людей живут в сельской местности и имеют свои подсобные хозяйства. И они вполне могут обеспечить семью едой и теплой одеждой.

Однако для многих стран непоставка энергоресурсов может иметь существенное значение. Так европейцы очень зависимы от транспортных поставок продуктовых товаров, а транспорт в свою очередь - от наличия горючего. Та же ситуация и в Соединенных Штатах.

При разрушенной экосистеме энергетические запасы будут быстро сокращаться. А добывать нефть в холодном климате будет сложнее. Бурение глубоких скважин станет проблематичным - нефтяные трубы могут просто не выдержать. Море будет неспокойным. Поставлять нефть с Ближнего Востока в Европу станет невозможным.

Поддерживать систему отопления атомной энергией тоже не просто. Атомные станции требуют обслуживания. А квалифицированных специалистов с каждым годом становится все меньше. Из-за проблем с экологией люди будут часто болеть. Им будет сложнее передвигаться. Налоговые поступления могут снизиться, так что люди будут неохотно идти на работу. Вместо этого они потеплее укутаются и будут сидеть у себя на фермах. Им не захочется идти работать на атомную станцию, которая должным образом не обслуживается, и где не хватает квалифицированного персонала. Вспомните Чернобыль. Украинские дети очень отличаются от других детей. Истинные масштабы и ужас этой катастрофы замалчивается политиками. А люди не хотят знать, что у них слабое здоровье. Они ведут себя так, как будто у них все хорошо.

Даже климатические изменения в Украине заметны сразу. Например, сегодня может быть 20 градусов мороза, а завтра все 10 тепла. За всю историю Украины не наблюдалось подобных резких колебаний температуры. Зима стала более холодной, чем была последние 100 лет. Несмотря на глобальное потепление, климат становится только холоднее.

Именно критических колебаний температуры в настоящее время и следует ожидать. Из-за вмешательства в экологическую систему Земли, уже невозможно предсказать, сохранит ли страна, которая в настоящее время имеет среднюю температуру воздуха 20 градусов, свой климат или в будущем годовая температура на ее территории будет в среднем 40 градусов, с колебаниями от 0 до 60 градусов.

Глобальное потепление абсолютно надумано. Это не что иное, как очередная байка, выдуманная учеными. Главное, вы должны понимать, что энергоснабжение в вашей стране в любой момент может прекратиться, и что при этом температура воздуха может оказаться на 40 градусов ниже, чем обычно или, напротив - на 40 градусов выше. Конечно, если вы живете в холодной стране, и температура поднимется на 40 градусов, то возможно, это не так уж плохо. Но если подобное произойдет в Дели, то все местное население будет просто уничтожено. Ведь максимальная температура воздуха составит около 70 градусов. Точно так же в Украине: понижение температуры на 40 градусов в зимнее время грозит гибелью населения.

И вряд вы будете способны что-либо сделать, чтобы спастись. Причиной тому - преступность. Чем больше еды вы запасете, тем большему риску быть ограбленным вы себя подвергните. Чем больше у вас теплых вещей, тем легче вы становитесь жертвой преступников.

В экстремальных условиях чувство взаимопомощи теряет силу. Если вы верите в обратное - вы себя обманываете. В мире очень мало тех, кто способен сохранить дружбу и оказать помощь ценой собственной жизни.

Глава 2: Море

Тают ледяные шапки полюсов. Ученые серьезно обеспокоены по этому поводу. Но это, на самом деле, не так важно. Пусть ученые говорят.

Настоящей проблемой являются ветер и шторм. Из-за сильного ветра увеличится высота морских волн. Такой небольшой стране как Великобритания грозит опасность.

Чтобы спастись от прибрежных волн придется переехать в достаточно удаленные (более 10 км) от побережья районы. При этом еще нужно учитывать высоту над уровнем моря нового местожительства относительно прибрежной полосы. По этой причине вся территория маленькой страны может оказаться под угрозой затопления.

Штормовая погода, очевидно, повлияет и на возможность транспортировки продуктовых товаров и горючего.

Shyam Mehta, The Loving Heart Centre

www.lovingheartcentre.net

Глава 3: Вода

Водоснабжение в глобальном масштабе зависит от запасов дождевой и опресняемой воды. Последняя вырабатывается путем опреснения морской воды в прибрежных территориях. Однако, в условиях меняющегося климата надеяться на подобные источники не приходится.

Что касается дождевой воды, то в будущем уменьшения количества осадков не ожидается. Но возникнет другая проблема - как собирать дождевую воду? Ведь при неблагоприятных климатических условиях трубы водоснабжения могут выйти из строя. И в тех же условиях люди не смогут устранить поломку. Из-за нехватки воды вспыхнет эпидемия. По причине ослабленного иммунитета (антибиотики, ненатуральная еда и загрязненный воздух) люди будут более подвержены болезням, чем были их родители. И опять же, если у вас будет запас воды вы рискуете навлечь на себя беду со стороны криминала.

Shyam Mehta, The Loving Heart Centre

www.lovingheartcentre.net

Глава 4: Преступность

Хотя этические стандарты снижаются, это не самая большая проблема. Дело в том, что когда человек голоден или нуждается в чем-либо для выживания, для него этические нормы, как правило, перестают существовать. Основные проблемы будет создавать молодежь. А действия полиции и армейских подразделений лишь усугубят ситуацию.

Единственное утешение в том, что армия почти в каждой стране хорошо вооружена. Настолько, что почти с каждым может справиться (кроме одного известного человека, и то, если он будет иметь дело с армией США, Австралии, Британии или Канады, но если ему предстоит сразиться с более достойным врагом, например Великой Армией Украины - у него просто не будет шанса). Поэтому, чем больше защиты, тем больше риска.

Если вы не очень защищены, но у вас есть чем поживиться, то неприятностей стоит ожидать от полиции.

Shyam Mehta, The Loving Heart Centre

www.lovingheartcentre.net

Глава 5: Лекарства

Медицинские препараты наносят непоправимый вред нервной системе. По этой причине люди будут отказываться от лекарств.

И многие будут страдать в результате приема "западных" препаратов на протяжении поколений. Ситуация усугубится ростом заболеваемости населения и увеличением преступности.

Мучаясь от болезни, невозможно сопротивляться изменяющимся условиям окружающей среды. А природных обезболивающих не существует. Чтобы уменьшить болевую чувствительность нужно будет заняться спортом, как показывают в современных реалити-шоу. Хотя на самом деле, все спортсмены там принимают обезболивающие. Но жизнь - это не реалити-шоу, и единственным выходом станет алкоголь. Таким образом, спрос на алкоголь возрастет и он станет дефицитным.

Shyam Mehta, The Loving Heart Centre

www.lovingheartcentre.net

Глава 6: Кто спасется?

Некоторые люди верят в Бога, некоторые нет.

Времена меняются. Вполне возможно и для тех, кто не уверовал в Бога.

Вопрос в том, затронут ли вас все эти вероятные бедствия? То есть, вас лично и непосредственно.

Очевидно, что чем вы моложе, тем существует большая вероятность, что вы пострадаете.

Вот оценочная таблица в процентах от мирового населения, которого непосредственно коснется тяжелое бедствие:

Год	Процент	Количество, млн
2015	1%	60
2017	2%	100
2020	10%	600
2025	65%	4000
2030	100%	6000

Примерно с 2039 года деньги начнут терять свою ценность.
Здоровье и везение - вот что приобретет основное значение в этом мире.
Конечно, есть люди, которые больше верят в Бога, чем в удачу.

Shyam Mehta, The Loving Heart Centre

www.lovingheartcentre.net

Глава 7: Статистика

В таблице предыдущей главы приведена статистика. Но эти данные не могут отразить полную картину событий. Основной фактор, который будет властвовать над миром будущего - это террор.

С помощью современных средств коммуникации люди могут узнавать о происходящем в других странах. Но эти технические устройства будут служить людям лишь до 2035 года. Если вам посчастливилось жить в стране, незнавшей войн и голода, вы, скорее всего, станете смотреть на все трагические события, которые начнут происходить с 2015 года, без особых эмоций. Ведь это вас не касается.

Но все произойдет не так. Существует медленный устойчивый темп наращивания катастрофических событий. И вы узнаете, что беда придет и в ваш дом. Если только вы не продолжаете верить, что спасетесь.

И лишь Богу дано решить: спастись ли вам и верить ли вам, что спасетесь.

Shyam Mehta, The Loving Heart Centre

www.lovingheartcentre.net

Глава 8: Западные науки

В моих книгах я показал абсурдность, недостаток логики и ложность постулатов так называемых "наук", развитых на Западе, а именно:

- Психологии;
- Психиатрии;
- Демографии;
- Фармакологии;
- Сестринского дела;
- Диетологии;
- Философии;
- Истории.

И когда люди осознают полную несостоятельность вышеуказанных псевдо-наук вкупе с полным отсутствием элементарных интеллектуальных способностей у западных ученых, школы и университеты перестанут преподавать эти предметы.

Сами ученые потеряют свои рабочие места, так как никто не захочет иметь дело с людьми, которые принесли много вреда и выставили самих себя на посмешище.

В некоторых странах, таких как США, против ученых могут быть выставлены судебные иски.

Shyam Mehta, The Loving Heart Centre

www.lovingheartcentre.net

Глава 9: Религия

Последователям индуизма не стоит ждать больших перемен. Большинство индусов и так не едят мяса. Многие индусы уже недовольны Британским влиянием на Индию, Британскими и "западными" науками, и социалистическим воспитанием. Все эти вещи чужды индийской культуре и менталитету. Многие люди взволнованы событиями прошлого и тем, что происходит в Индии в настоящее время.

Христиане же пребывают в заблуждении на протяжении 2000 лет. Прочитав мою книгу "Люди без одежды" и главу о христианстве, можно убедиться, что христианство, от начала и до конца, не может называться религией, и что она не имеет ничего общего с Богом, и что так называемые десять заповедей в числе многих других атрибутов Христовой веры привели к нацистскому холокосту, созданию атомной бомбы и **всему мировому злу.**

Будет ли это иметь какое-то значение для христиан? Пожалуй, нет. Ошибочное представление о природе вещей вовсе не является преградой для истинно верующих.

Главный вопрос заключается в том, будут ли христиане продолжать отстаивать христианские верования? Они могут сказать, что они являются христианами, но когда дело коснется реальных событий, готовы ли будут они следовать своим религиозным традициям? Мой ответ: нет. На мой взгляд, люди очень быстро захотят отречься от христианства. Через два года в мире уже не останется ни одного последователя Христа.

По сути, верующие сталкиваются с выбором: Бог или Иисус. На самом деле, как показывает практика, это не такой сложный выбор.

А как насчет иудаизма? У иудаизма не много последователей. Смысл их религии не в помощи другим людям, а сохранении себя для себя. А так как людям, естественно, не очень понравится народ, который не будет помогать другим, а жить только ради себя, то будущее иудаизма представляется совсем не ярким. Иудаизм обречен.

Shyam Mehta, The Loving Heart Centre

www.lovingheartcentre.net

Глава 10: Еда

Самая вредная еда - это мясо. В среднем на мясо приходится 80% всех съедаемых современным человеком продуктов.

В своих книгах я даю определение что такое правильная еда (фрукты, ягоды, орехи), то есть именно та пища, которая питательна и полезна для организма.

Негативная карма, порождаемая мясоедами, просто огромна. Эта карма встает на их пути к любви и счастливой жизни. Как я говорю в своей книге "Набор для самоанализа личности", все в этом мире вертится вокруг любви. А если вы не служите этой цели, вы не живете.

Как только люди осознают это, они станут вегетарианцами. Никто не хочет болеть СПИДом, диабетом или раком. Все хотят жить долго.

Однако, когда западной цивилизации придет крах, люди снова станут потреблять мясо. Проблема в том, что вы не сможете хранить молоко и фрукты будучи уверенным, что их украдут.

Если вы голодны и увидите корову, вы, как обычный голодный человек, убьете и съедите эту корову, чтобы не умереть. Только индуист так никогда не поступит. Иначе не будет молока.

Точно так же, если вы видите дерево, на котором растут фрукты, и вы голодны, вы будете есть столько, сколько сможете, а затем заберете с собой все остальное. И на дереве не останется плодов.

С 2026 года большинство людей будут потреблять мясные продукты. Перспектива смерти через год покажется менее устрашающей, чем смерть от голода в течение ближайших двух недель. Принцип ненасилия и "не вреди" будет актуален только в течение короткого периода времени.

Shyam Mehta, The Loving Heart Centre

www.lovingheartcentre.net

Глава 11: Брак

Цель жизни состоит в достижении любви и счастья. Из-за влияния христиаских традиций брак в наше время основывается не только на любви, но и на материальной составляющей.

Так женщина, выходя замуж, знает, что ей будет принадлежать половина состояния мужа.

Ну а мужчина считает, что если он воспользуется услугами жрицы любви вместо исполнения супружеского долга своей христианской жене, то может потерять все свое состояние. Таким образом, из двух зол он выбирает меньшее: 50% против 100%.

Существует только одна вещь, более страшная, чем потеря половины состояния: смерть.
Как только мужчины осознают истинный смысл секса без любви, о чем я рассказываю в одной из своих книг, они сразу же бросят своих "жен". Мужчины будут искать такого партнера для брака, который бы любил их и заботился о них, и это было бы взаимным. Именно так будет минимизирован риск заболеть СПИДом, диабетом и другими заболеваниями.

"Брак по-индийски" станет нормой. Христианский брак будет никому не нужен. Женщины снова захотят выйти замуж, и не по финансовым причинам, как я говорю в своих книгах, и не будут спорить со своими мужьями и использовать секс как инструмент торга.

Но, к сожалению, достойных женщин для брака не так много. Поэтому все чувственное будет процветать (возьмите Голливуд, например). Холостяки будут в постоянном поиске новых развлечений (журналов, фильмов и женщин).

Shyam Mehta, The Loving Heart Centre

www.lovingheartcentre.net

Глава 12: Голод

В мире, где вы можете лишиться крыши над головой, если едите мясо животных (тот, кто ест мясо, тот болен, слаб и не способен защитить себя и свой дом) нужно будет очень хорошо продумать, как выжить. Дом нужен каждому человеку - он защищает от холода. Если вы ночуете на улице, укрывшись одеялом, где гарантия, что у вас его не отнимут? А по утрам холодно. И чем ниже ваш иммунитет, тем более ваш организм чувствителен к холоду. Когда вы мерзнете, вы теряете силу. И уже не можете согреться.

Следовательно, у каждого сильного человека есть дом. Но крова не достаточно. Еще нужно что-то есть.

Если вы вегетарианец - к вам нет вопросов. Так как вы найдете себе пропитание и будете сыты тем, что есть. Чем крепче ваше здоровье, тем легче вам найти пищу. Например, в своей книге "Набор для самоанализа личности" я рассуждаю, как долго можно протянуть, питаясь лишь одним молоком. Все зависит только от состояния здоровья. Следовательно, в будущем многие будут уделять внимание своему здоровью, даже если они не привыкли это делать, а некоторые будут просто отдавать дань западным теориям о здоровом образе жизни.

Проблема "не-вегетарианцев" состоит в том, что они не могут так просто перейти на растительную диету - им нужно перестраиваться. Перестраиваться можно с помощью голода. А если вдруг и сразу переключится на вегетарианство можно и умереть. Для перехода на растительную диету требуется около месяца. Срок также зависит от того, сколько мяса вы привыкли потреблять. Если, например, вы съедали 290 граммов мяса в день (живя в холодной стране, как Канада), то погибните через месяц. Если в вашем рационе было 145 граммов мяса ежедневно, то вы умрете через пару месяцев (питаясь растительной пищей). Другими словами, вам нужно съедать 9 кг мяса в первый месяц после перехода на вегетарианскую диету. По окончании адаптационного периода вы можете считать себя наполовину вегетарианцем. Через два месяца, вам нужно будет съедать лишь 4,5 кг мяса в месяц и так далее.

Смысл вышесказанного состоит в том, что важно перейти на вегетарианство прежде, чем вы закончите свой жизненный путь. Продолжительность диеты зависит от вашей близости к Богу. Например, если вы удалены от него на 5%, то вам не нужны никакие диеты. А если вас разделяют 95%, то держите двухдневный пост. Если на 15%, то это диета на один день и так далее.

Ниже я привожу пример. Предположим, вы удалены от Бога на 35%, и в день вы съедаете 290 грамм мяса (включая рыбу и др.):

Месяц 1 День 0: вы переходите на вегетарианство.
Месяц 1 День 28: придерживайтесь диеты в течение 3 дней до начала нового месяца.
Месяц 3 День 29: придерживайтесь диеты в течении 2,5 дней до начала 4 месяца.
Месяц 7 День 30: придерживайтесь диеты в течении 3/4 дня до начала 8 месяца.

Теперь вы полностью перестроились на новый стиль питания.

Во время диеты следует употреблять только натуральные продукты и избегать рафинированной ("западной") еды. Молоко, фрукты и другие продукты должны быть свежими, натуральными, без гомогенизированных добавок. Помните, "западная еда" - не еда. А вам нужна еда. Иначе вы будете чувствовать голод гораздо чаще. Если у вас есть еда, вы не будете ее есть, пока не проголодаетесь. Если вы будете есть только овощи, хлеб, или другие продукты, которые не считаются едой, на этом вы долго не проживете. На тему правильного питания я рассуждаю в некоторых своих книгах.

www.lovingheartcentre.net

Организм нуждается в определенном количестве сахара. Если его слишком много, то вы рискуете заболеть. Не нужно заблуждаться, думая, что если вы съели кусок торта, это не навредит вам. А ведь это "западная" еда. Поэтому она вредна для здоровья. Вам нужен сахар или восточные, индийские сладости. И об этом я тоже говорю в своих книгах. Если в вашем организме недостаток сахара - это смертельно.

Избегайте излишнего потребления жидкости. Так как вода и другие напитки способствуют чрезмерной активности внутренних процессов. Например, в давние времена люди довольствовались лишь небольшим количеством воды. Если вы перестанете солить пищу, то и вам стакана воды в день будет достаточно.

Библиография

Многое из написанного мной продиктовано самим Богом.

Я написал 51 книгу:

" Сборник шуток",
ISBN: 978-1-4092-9071-1
Хорошие шутки, без сексуального или расистского подтекста.
Руководство для мужчин по достижению любви и счастья, ISBN: 1-4121-5210-0
Я рассказываю мужчинам и женщинам, как можно сделать жизнь счастливой и спокойной.
Астрология и толкование снов,
ISBN: 978-1-4092-9024-7
Ваш астрологический знак. Послание из ваших снов. Система Аллаха.
Автобиография,
ISBN: 978-1-4092-8654-7
Кто я на самом деле.
Христианство,
ISBN: 978-1-4092-9112-1
Почему все мировое зло начинается с этого. Почему сейчас это является историей.
Экономика,
ISBN: 978-1-4092-9137-4
Свежий практический взгляд на эту древнюю "науку".
Заключительные мысли,
ISBN: 978-1-4092-8953-1
Здесь собрано большинство мудрых высказываний, которые вам помогут в достижении
здоровой, счастливой, полной любви и радости жизни.
Мир будущего,
ISBN: 978-1-4092-9058-2
Каков разумный взгляд на основные факторы, способные повлиять на вашу жизнь в ближайшие
20 лет?
Бог, ISBN: 978-1-4092-8918-0
Предсказания. Вам нужно решать.
Здоровье, ISBN:
978-1-4092-9052-0
Рекомендации. Что делать. Чего не делать.
Как воспитывать ребенка,
ISBN: 978-1-4092-
Что ему нужно. Как ему это дать. Что делать.
Как научить ребенка английскому языку,
ISBN: 978-1-4092-9135-0
Лучший метод.
Как дать ребенку общие знания,
ISBN: 978-1-4092-9104-6
Большая часть из того, что он учит, ему не нужна. Здесь то, что ему пригодится.
Как научить ребенка математике,
ISBN: 978-1-4092-9103-9
Математика: легко и доступно для юных учеников. Разработано математиком.
Набор для самоанализа личности,
ISBN: 1-4121-5380-8
А именно, как хорошо работают ваши половые органы, ваше тело, ваш эмоциональный центр и
ваш мозг?
Брак по-индийски,
ISBN: 1-4121-5321-2
Что сделать, чтобы брак был долгим и счастливым?
Индийская философия и религия,

Shyam Mehta, The Loving Heart Centre

www.lovingheartcentre.net

ISBN: 1-4121-5211-9
Индийская философия нацелена на достижение цели в жизни.

Учимся у животных,
ISBN: 978-1-4092-8897-8
Ваша иммунная система значительно повреждена. Почему у диких животных все по-другому?

Сборник стихов и песен,
ISBN: 978-1-4092-
Поэзия есть проза, обращенная в рифму. Здесь вы найдете еще немного прекрасных стихотворений и песен.

Музыка приближает нас к Богу,
ISBN: 978-1-4092-9277-7
Слушайте музыку, которая нравится. Но не вся музыка успокаивает. Что делать.

Натуральная медицина,
ISBN: 1-4121-4384-0
Что поможет, а что - нет.

Оксфордский университет,
ISBN: 978-1-4092-9098-8
Только университеты Швейцарии могут быть хуже. Важно знать почему.

Люди без одежды,
ISBN: 1-4121-5365-4
Почему Бангалор, Индия, был тем самым местом 50 000 лет назад?
Сколько было у них детей?
Где сейчас эти люди без одежды?

Совершенствование своего поля эмоциональной энергии,
ISBN: 1-4121-5164-3
Необходимо отыскать первопричину, тот единственный эмоциональный недуг, который разрушает вас.

Совершенствование своего энергетического поля любви,
ISBN: 1-4121-5169-4
Любовь нужно искать. В нашем веке не стоит ждать, что она упадет с неба. Нужно время и усилие.

Совершенствование своего умственного энергетического поля,
ISBN: 1-4121-5165-1
Совершенный ум впитывает лишь ту информацию, которая нужна, анализирует ее с бесстрастием, а затем принимает решение.

Совершенствование своего поля физической энергии,
ISBN: 1-4121-5167-8
Ваше тело здоровое и сильное? Вы удовлетворены своей физической формой?

Совершенствование своего поля сексуальной энергии,
ISBN: 1-4121-5163-5
Вы нуждаетесь в активной сексуальной жизни со своим супругом. Что нужно предпринять, чтобы достичь этого?

Сборник стихов и песен,
ISBN: 978-1-4092-8831-2
Поэзия есть проза, обращенная в рифму. Прекрасные стихотворения и песни.

Физика,
ISBN:
Что делать. Абсурдные положения современной физики. Истинные законы физики.

Наука,
ISBN: 1-4121-5235-6
Новые научные знания спасут мир.

Шримад Бхагавад Гита и комментарии,
ISBN: 978-1-4092-8758-2
Забудьте все другие переводы и комментарии. Здесь вы найдете истину.

Путь духовности и религии,
ISBN: 1-4121-5206-2
Все ваши энергетические поля должны находится в гармонии. Начните со своей сексуальной энергии.

Детские рассказы,
ISBN: 978-1-4092-8990-6

Чудесные истории помогут детям забыть о телевизоре, компьютере и других современных ужасах.

108 голов бога Патанджали,

ISBN: 1-4121-5160-0

Я использую простую математическую логику, чтобы показать, почему Сутры Йоги являются ловушкой для ученых.

Восемь священных текстов Индии,

ISBN: 1-4121-5162-7

В книге говорится о том, как старательно создавались священные тексты, с целью произвести впечатление и оказать влияние на Персидских правителей Индии.

Мировая история,

ISBN: 1-4121-5166-X

Существует единственная причина возникновения всей истории вселенной, с самого ее сотворения.

Психология разума,

ISBN: 978-1-4092-9042-1

Господин Западный Психолог, правда ли основное строение моего мозга такое же как у Эйнштейна или Сталина? У него нет ответа. В этой книге я представляю собственные идеи о том, как понять себя.

Западная Философия,

ISBN: 1-4121-5207-0.

Я обобщаю основные мысли.

Что должны знать мужчины о христианских женщинах, ISBN: 1-4121-5450-2

Два типа женщин. Всем нужна любовь. В этой книге рассказывается как любить женщину.

Как бороться со свиным гриппом и другие вопросы, ISBN: 978-1-4092-9077-3

Лекарство есть.

Обнаженные женщины,

ISBN: 978-1-4092-8960-9

Их цели. Их функциональность. Их замысел (замыслы).

Произведения искусства способны исцелить эмоциональный недуг,

ISBN: 978-1-4092-9264-7

Все подвержены стрессу. Эмоции изнашиваются. Это приводит к раздражительности.

Йога,

ISBN: 1-4121-5161-9

Занятия йогой, дыхательные упражнения и медитация могут иметь много побочных эффектов.

Философия и практика йоги,

ISBN: 978-1-78222-174-6

Здесь в практической плоскости обсуждаются направления йоги: Бхакта, Хатха, Джнана (Раджа), Карма (Крия) и Кундалини (Айенгар), божественная природа и природа души человека, а также выбор жизненного пути.

Йога: Практика Айенгар, часть II,

ISBN: 978-1-4092-9089-6

Как работают позы в йоге. Когда их выполнять.

Личность и разум,

ISBN: 1-4121-5208-9

Ситуация в наши дни неутешительная: неправильный разум, неправильная личность. Я объясняю, что делать в такой ситуации, как помочь себе.

Многие мои книги можно бесплатно скачать с моего сайта, www.lovingheartcentre.net.

Книгу "Философия и практика йоги" можно найти в книжных магазинах.

Книги изданы на английском языке, но некоторые также доступны на арабском, бенгальском, китайском, французском, немецком, хинди, итальянском, португальском, русском, испанском и тамильском языках.

Мои картины смотрите на моем сайте:
www.lovingheartcentre.net/MyPaintings.htm

В этой книге я затрагивают ряд факторов, которые могут сыграть решающую роль в ближайшие годы.

Это такие факторы как:

- Климат
- Море
- Водоснабжение
- Болезни
- Лекарства
- Преступность

На самом деле, наш мир очень скоро ожидает экологическая катастрофа. Она коснется каждого.

Шиям практикует йогу с 1957 года и занимается преподавательской деятельностью с 1973.

Живя в Англии, Шиям получил христианское воспитание.

Будучи студентом Кембриджского университета, автор увлекся йогой и философией индуизма.

Позже он отдал свою священную индуистскую нить Богу, чтобы посвятить свою жизнь хорошим людям, помогая им стать счастливее.

Шиям прошел долгий религиозный путь, и каждый свой шаг он посвящает Богу.

www.ingramcontent.com/pod-product-compliance
Lightning Source LLC
Chambersburg PA
CBHW050353290526
45785CB00006B/2755